LE GOUVERNEMENT TUNISIEN

ET

LE GÉNÉRAL MAHMOUD BENAÏAD.

LA BANQUE.

ÉMISSIONS FRAUDULEUSES

DE BILLETS AU PORTEUR PAR LE KASNADAR

(MINISTRE DES FINANCES).

CAUSES VÉRITABLES

DE LA SUSPENSION DES PAYEMENTS DE LA BANQUE DE TUNIS.

LA BANQUE.

(Neuvième communication tunisienne.)

ÉMISSIONS FRAUDULEUSES DE BILLETS AU PORTEUR PAR LE KASNADAR (MINISTRE DES FINANCES),

causes véritables de la suspension des payements de la Banque de Tunis.

Le 13 chaban 1269 (mai 1853), une sorte de descente de justice gouvernementale s'opère dans les bureaux de la Banque de Tunis, dont le privilége est concédé au général Benaïad. Des vérifications sont faites, des états de situation sont dressés, un procès-verbal est rédigé : à la suite de cette opération un grand éclat vient abîmer le crédit de cet établissement. Des circulaires officielles sont adressées à tous les représentants des puissances européennes; l'alarme est jetée dans le commerce; on leur apprend que la Banque est ruinée; on suspend les payements; on affirme que le général Benaïad a emporté et dérobé les fonds qui lui avaient été confiés; on l'accuse en outre de s'être livré à des émissions de billets frauduleuses, et on appelle les porteurs à venir faire marquer d'une estampille spéciale les billets qu'ils possèdent, afin de constater et de reconnaître la fraude.

On ne s'arrête point là : on répand ces avertissements dans tous les journaux de l'Europe; les notes les plus diffamatoires arrivent au général Benaïad, propagées par les feuilles les plus accréditées de Londres et de Paris; son honneur est terni, il est dénoncé au monde comme atteint et convaincu de dol et d'escroquerie. Et, depuis cette époque, il est pour le public sous le coup de ces effroyables imputations.

Ce n'était là que le commencement et le signal des épreuves qui lui étaient réservées. On fait pleuvoir sur sa tête toutes les calamités; on lui ravit tout ce qu'on peut trouver de ses livres et de ses papiers; on persécute sa famille, et on la garde comme un otage; on le dépouille de ses biens; on refuse de lui payer les titres qu'on lui a souscrits; on séquestre ses propriétés mobilières, et on les livre au pillage; on emprisonne ses agents; on force ses débiteurs à verser leurs dettes entre les mains du gouvernement; on viole et on déchire ses contrats; on lui nie ses créances; et enfin, au bout de toutes ces violences inouïes, on lui présente un bilan par lequel il est débiteur de cinquante ou soixante millions, et on appuie cette prétention sur un tissu de nouvelles accusations infamantes.

Au premier instant le général Benaïad reste stupéfait sous les coups de cette tempête. Il n'en peut comprendre ni la portée ni les prétextes; il ne peut pas comprendre surtout comment on a pu faire de cette affaire de la Banque le point de départ de tant de persécutions. Français cependant, et fort de son droit, il s'adresse au gouvernement français pour en obtenir protection et justice; il veut croire encore ou à une erreur ou au simple égarement d'une colère irréfléchie ; il transmet ses explications et fournit ses comptes; il montre et il prouve qu'il est pour la Banque dans la plus stricte observation de ses engagements et de ses contrats ; qu'il a laissé la Banque et qu'il l'a maintenue en état de faire honneur à ses affaires. Et pourtant ses explications, sa modération, ses demandes d'un examen loyal et sincère ne font que grossir l'orage : il devient l'objet des rigueurs systématiquement redoublées du gouvernement de Tunis.

Cet épisode de la Banque, origine de ses catastrophes, était resté jusqu'ici à l'état d'obscurité, d'énigme, de problème insoluble pour l'intelligence du général Benaïad ; il s'efforçait en vain de pénétrer dans les causes réelles de cet éclat. Il ne les avait attribuées jusqu'à ce jour qu'à la résolution préméditée de lui chercher une mauvaise querelle, pour s'affranchir d'obligations dont le poids était importun. Aujourd'hui, grâce aux pièces que viennent de produire ses adversaires, il sait à quoi s'en tenir, et le voile s'est déchiré devant ses yeux.

Pour la complète compréhension des faits, il faut d'abord exposer les circonstances et les phases de cette triste histoire.

Par deux amras ou contrats du 20 chaban 1263 (1847) et du 20 ramadan de la même année, le Bey avait institué à Tunis une banque destinée à émettre des billets du gouvernement, et il en avait conféré le privilége au général Benaïad.

Ces billets devaient être remboursables au porteur à simple présentation, et le Bey s'était obligé à verser les sommes nécessaires afin de pourvoir aux premiers besoins des émissions.

Le général Benaïad, en vertu de son contrat et de son privilége, était exclusivement investi du droit d'émission.

Le ministre des finances, le kasnadar, était chargé de la surveillance des opérations de la Banque; il devait prendre les reçus du général Benaïad pour les sommes de billets confectionnés qu'il lui aurait livrés, et ces reçus seuls faisaient foi et titre envers ce dernier.

En conséquence, une certaine quantité de registres contenant des billets confectionnés, portant tous leur numéro d'ordre, furent imprimés et remis au kasnadar. Ces registres étaient à souche : ils contenaient des billets au porteur de valeurs et de sommes différentes; chaque feuillet contenait une double copie du billet correspondant ; l'une destinée à être mise en circulation, l'autre à rester à la souche, pour servir de reconnaissance et de point de comparaison au billet circulant. Tous étaient signés par le Bey.

Les registres contenant les billets imprimés furent remis au kasnadar, et la Banque commençant à fonctionner, le général Benaïad, à mesure de ses besoins, recevait du ministre la quantité de ces valeurs qu'il réclamait contre ses récépissés;

Il est essentiel de décrire ici comment s'exécutait cette opération.

Les billets livrés au général Benaïad était détachés des registres; le second original de chacun d'eux restait à la souche, et le registre ne contenant plus que la souche, était déposé à la Banque afin que les employés chargés du remboursement pussent s'assurer de leur sincérité et de leur identité, à mesure qu'ils étaient présentés.

Le général Benaïad était personnellement responsable et détenteur des billets qu'il échangeait contre ses récépissés; la souche seule était déposée à la Banque.

Les opérations de cet établissement commencèrent en 1263, et de 1263 à 1267, le ministre des finances eut à détacher de leur souche pour les délivrer au général Benaïad, et celui-ci reçut contre ses reconnaissances du ministre, les sommes de billets dont voici le relevé :

En 1263, contre deux récépissés. piastres.	188,600
En 1264, contre quatre récépissés	260,000
En 1265, contre un récépissé.	1,220,000
En 1267, contre un récépissé.	3,220,000
Total.	4,888,600

En 1268, le général Benaïad partit pour la France; au moment de son départ, la Banque était en pleine prospérité et en plein crédit.

Ses billets était acceptés par le commerce européen et la population indigène. On les recevait même dans les transactions particulières à un taux moindre que l'escompte de quatre pour 100 au moyen duquel ils étaient remboursables à vue à la Banque.

Le général Benaïad avait obtenu ces résultats, quoique le gouvernement ne lui eût pas accordé le concours pécuniaire auquel il s'était obligé. Loin d'avoir versé dans les caisses de l'établissement les sommes qu'il avait promises, il avait au contraire recouru à la banque pour en obtenir des emprunts. Une première fois, il y avait puisé 700,000 piastres; une seconde fois il y obtint du général Benaïad une nouvelle avance de 800,000 piastres, sous l'expresse condition du prochain versement en argent à la banque de la valeur des billets empruntés.

Telle était la situation de la banque, lorsque le général Benaïad partit de Tunis et vint solliciter en France sa naturalisation.

Il restait détenteur et dépositaire des billets qui, tout en lui étant remis, n'avaient point été lancés par lui dans la circulation, et ces billets composaient les quatre cinquièmes des valeurs qui lui avaient été livrées.

Par les sommes restant en caisse, et par celles qu'il avait mises à la disposition du caissier de la banque, il avait largement pourvu aux éventualités du remboursement, et même à la couverture totale des billets en circulation.

Cependant, de Paris il avait l'œil ouvert sur ses affaires; il envoyait ses instructions à ses agents; il poursuivait ses opérations combinées dans ses doubles fermages, et de la banque, et des deux monnaies d'argent et de cuivre. Le gouvernement n'exécutant pas les engagements auxquels il avait obtenu de la banque la dernière avance de 800,000 piastres, le général sollicitait avec persistance la réalisation de cet engagement; il faisait frapper de la monnaie d'argent; il passait des marchés avec des maisons de commerce de Londres, avec des mécaniciens de Paris et de l'Allemagne, afin d'outiller et d'approvisionner l'hôtel des monnaies, de façon qu'il pût frapper 400 quintaux de monnaie de cuivre par mois; il signait un contrat avec M. Thomas d'Alvarès, par lequel cet industriel s'engageait à prendre la direction de l'atelier de la monnaie à Tunis, et de fabriquer mensuellement la quantité de numéraire ci-dessus désignée; il donnait les ordres les plus exprès pour qu'à mesure de sa fabrication, ce numéraire fût versé à la banque.

Que se passait-il dans ces entrefaites à Tunis?

Le kasnadar, abusant du dépôt qui lui était confié, puisait à pleines mains dans les registres des billets non délivrés au général Benaïad dont il avait la garde, mais dont la disposition lui était interdite; il inondait Tunis de ses émissions frauduleuses. Les employés de la banque étaient gagnés ou intimidés; ils accueillaient et remboursaient avec les fonds de la banque, avec les espèces fournies par le général Benaïad, les billets provenant de cette circulation illégale et dolosive. Pour soutenir et couvrir sa fraude, le kasnadar s'emparait successivement des fonds placés en réserve à la monnaie de cuivre et à la monnaie d'argent par le général Benaïad pour les besoins de la banque. Le juif Nessim, devenu son complice, se prêtait docilement à ces manœuvres; il cachait au général Benaïad ces émissions mystérieuses. Ce dernier, cependant, ne cessait de réclamer qu'il lui fût rendu compte de l'état de la banque; des bruits de la vérité, à laquelle il ne pouvait croire, étaient arrivés jusqu'à lui; il écrivait lettres sur lettres; il exigeait que toutes les créances de la banque rentrassent, et que sa caisse fût mise en possession et en jouissance de tout ce qui lui appartenait; il donnait sur ce point les ordres les plus précis à son caissier Nessim, par sa lettre du 29 redjeb 1269 (*Pièce justificative* n° 3); il écrivait au kasnadar et lui envoyait son compte, par lequel il lui prouvait que la banque était amplement pourvue, si on ne la privait point de ses ressources effectives.

Les dates ici sont éloquentes. La dernière missive de Benaïad au caissier Nessim est, nous l'avons dit, du 29 redjeb 1269. Sept jours après, vers le 7 ou le 8 chaban suivant, elle arrivait à Tunis.

Le 13 du même mois, le kasnadar prenait sa résolution désespérée. Il faisait avec fracas vérifier l'état de la banque; après l'avoir lui-même mise à sec, il constatait qu'elle n'avait plus rien en caisse, il en imputait le crime au général Benaïad, et il suspendait le remboursement obligé des billets.

Cet exposé, s'il est vrai, ne met-il pas entièrement à découvert les mobiles qui ont dirigé le ministre et lui ont imposé sa conduite? Par un acte inqualifiable, il avait violé un dépôt public; il s'était servi des registres confiés à sa foi pour y puiser les moyens d'une émission de billets illégitime et déloyale; il avait en même temps vidé toutes les caisses où la banque elle-même pouvait et devait s'alimenter, et il se trouvait en face d'une catastrophe ou d'un aveu cruel à faire au général Benaïad. Mieux inspiré, il s'y fût condamné. Mais les entraînements de la pente où il s'était placé prévalurent. Il fallait à la fois cacher ses fautes, arrêter la banque, qu'on ne pouvait plus soutenir, et trouver un coupable à ce désastre. Le coupable, on le créa dans le général Benaïad.

Le moment était bien choisi; le général était loin; il ne pouvait approfondir les faits. Le Bey, déchu de la plus grande partie de son initiative et de sa remarquable intelligence par la paralysie qui devait le conduire au tombeau, laissait voir d'ailleurs des regrets mêlés d'irritation contre l'absence prolongée de l'homme dont il croyait avoir éprouvé la capacité et les ressources. Dès lors le plan fut combiné et se poursuivit avec tout l'acharnement et par tous les procédés que dictaient le péril et la situation. Il fallait de plus en plus rendre la rupture profonde et irréconciliable, dût-on blesser la France, dût-on l'offenser d'abord dans le mépris de sa protection, ensuite dans celui de sa justice. On marcha aveuglément dans cette voie; on répandit la calomnie à profusion: on inventa les demandes reconventionnelles; on rédigea la *Note explicative;* on fabriqua les comptes de Bahram, de Ben-Abbès et de Bahrini; on violenta et on intimida; on persécuta, on corrompit les agents du général Benaïad, et jusqu'aux membres de sa famille, et on put espérer que tout serait couvert sous sa ruine et son déshonneur.

On comptait sans le discernement, les formes, les garanties, l'esprit d'investigation et d'examen de la justice française.

Le général Benaïad ose espérer du Comité le témoignage, qu'au bout de ses allégations il a toujours mis ses preuves. Les accusations qu'il vient d'énoncer sont trop graves pour qu'en cette occasion il lui soit permis de déroger à ses habitudes.

Dans le récit qu'il vient de présenter tout se base sur la justification des émissions frauduleuses opérées par le kasnadar. Si cette énorme et décisive circonstance est prouvée, le reste en découle, comme une conséquence nécessaire et logique de la situation établie; c'est là évidemment la circonstance déterminante, la raison d'être de tout ce qui s'est ensuivi. — Le général Benaïad doit donc la preuve complète et incontestable de l'existence et du fait de cette circulation.

Comment toutefois est-elle parvenue à sa connaissance? Comment a-t-il pu en conquérir les preuves? Comment, jusqu'à ce jour, a-t-il gardé le silence sur ce fait accablant, qui, à lui seul, révélait toutes les causes et tout l'odieux des mesures dont il a été victime?

Le général Benaïad va répondre, en peu de mots, à ces objections qui s'offrent naturellement à l'esprit.

Quelques bruits, arrivés jusqu'à lui, lui avaient, il l'a dit, fait entrevoir la vérité; mais il ne pouvait pas y croire : bien plus, jusqu'à la certitude entière, il n'y devait pas croire. Comment supposer, en effet, et surtout comment prétendre, sans la preuve acquise, qu'un ministre avait pu se livrer à des pratiques aussi peu avouables; qu'il avait violé un dépôt, manqué à la foi publique, et que, pour échapper à sa propre responsabilité, il avait accumulé cette série d'actes, où la loyauté, le devoir et la conscience se trouvent également compromis?

Aujourd'hui le général Benaïad n'a plus de doutes; la lumière est faite pour lui, et cette lumière, elle est d'autant plus irrésistible qu'il l'a puisée et qu'il la puise dans les pièces et les productions des agents tunisiens.

Oui, avant la production de ces pièces, le général Benaïad n'eût osé ni exprimer ni deviner ce qu'elles contastent et ce qu'elles révèlent.

Le Comité, dans ses questions sur la banque (voir les *Réponses aux questions*, page 41), adressait aux agents tunisiens les demandes suivantes :

« Lorsque le Bey de Tunis a ordonné la vérification de la banque, a-t-il été dressé quelque acte » constatant qu'il ne se trouvait en caisse ni billets, ni teskerés, ni numéraire?

» Dans le cas de l'affirmative, demander la production de cet acte, procès-verbal de vérification » ou tout autre.

» Lorsqu'il fut procédé à la vérification des billets émis et des teskerés, a-t-il été dressé un acte » contenant le nombre et les numéros des billets et teskerés produits et estampillés?

» En cas d'affirmative, demander la production de cet acte. »

Les agents tunisiens ainsi mis en demeure, ont répondu à cette prescription par la production de deux pièces principales :

1° L'état des billets délivrés au général Benaïad (1) s'élevant tant en billets circulants qu'en billets non émis à 4,888,600 piastres,

La somme des billets émis s'élèverait, d'après cet état, à piastres	1,610,850
La somme des billets non émis monterait à piastres	3,277,750
TOTAL. . . . piastres	4,888,600

2° Le procès-verbal de vérification de la banque (2), sous la date du 13 chaban 1269, duquel il résulte que le total des billets estampillés et reconnus en circulation forme piastres	1,670,850
Ainsi, en vertu du procès-verbal de vérification, nous trouvons que le montant des billets émis s'élève à piastres	1,670,850
En vertu de l'état dressé à la suite et à l'appui du procès-verbal, leur montant ne s'élève qu'à piastres	1,610,850
Différence . . . . piastres	60,000

(1) Pièce justificative n° 1.

(2) Pièce justificative n° 2.

Comment se peut-il que pour les mêmes billets, contrôlés par la même opération, revêtus aux termes des deux pièces de la même estampille, il n'y ait pas accord entre les deux sommes mentionnées dans l'une et dans l'autre ?

Tout cela en soi-même serait suspect et passablement inexplicable; mais l'énigme se débrouille pour qui examine attentivement les deux documents contradictoires.

Ils ne se contredisent que dans les apparences; ils s'accordent dans la réalité: les 1,610,850 piastres appartiennent à la série des billets délivrés au général Benaïad; les 60,000 piastres, formant l'appoint de la somme mentionnée dans le procès-verbal, font partie des émissions frauduleuses opérées par le kasnadar et que par conséquent on ne pouvait point faire figurer à la charge du géneral Benaïad.

Si ce fait est prouvé, cette émission frauduleuse ne peut plus être l'objet d'un doute; et dès lors la question est connue et jugée.

Or, voici les termes de l'état relatif à l'estampillage des 1,610,850 piastres (*Pièce justif.* n° 1) :

« Copie du registre contenant le nombre, la valeur et les numéros des billets de banque en » circulation *présentés par les porteurs et estampillés.*

» On a relevé sur LES TRENTE CAHIERS A SOUCHE *tous les billets de la banque* REMIS A M. BENAÏAD, » contenant le numéro et la valeur de chaque billet; et l'on a porté dans une colonne les billets » présentés et estampillés, et dans l'autre les billets non émis. »

Cela est clair et explicite. Les *trente* cahiers à souche dont il s'agit contenaient la totalité des billets circulants ou non circulants qui avaient été délivrés au général Benaïad, les cahiers à souche, d'où ces billets avaient été détachés, étaient au nombre de *trente*, ni plus ni moins. Les reçus fournis au général Benaïad par le kasnadar et produits par les agents tunisiens, achèvent de constater et de confirmer le fait. Ils indiquent en effet les *trente* registres comme ayant fourni les quantités reçues, et ils indiquent les numéros de ces registres, qui sont le numéro 1 jusqu'au numéro 30.

Prenons maintenant et citons le procès verbal de vérification (*Pièce justificative* n° 2) dressé simultanément avec la pièce dont nous venons de parler :

« Cejourd'hui mercredi, trois de la date ci-dessous, il a paru à Sa Hautesse notre maître et sei- » gneur, convenable de rassembler tous les billets de banque de la Régence; il fixa pour leur ras- » semblement dix jours de la date des présents.

» Ces billets furent remis à la maison de la Casba, et son Excellence *Moustapha Kasnadar les* » *examina;* il autorisa à estampiller *tous ceux trouvés réguliers*, en écrivant dessus « *reconnus et* » *approuvés* » de la main de cheik Saïd-Ahmad-Aba-el-Diaf, et ce après les avoir confrontés avec » ses registres, qui sont LES TRENTE-QUATRE REGISTRES *déposés à la banque.*

» Le total des billets estampillés et inscrits sur un autre registre monta à un million six cent » soixante-dix mille huit cent cinquante piastres. »

Toutes les circonstances de cet exposé sont également dignes d'observations. C'est le seul kasnadar qui se fait présenter tous les billets en circulation, et qui les examine lui-même. Parmi eux il trie et il distingue; il y en a qu'il dit réguliers et d'autres qu'il dit irréguliers. C'est lui qui détermine ceux qui doivent recevoir l'estampille et ceux qui en seront exclus. Naturellement il saura écarter de la vérification, c'est-à-dire du procès-verbal, ceux qu'il a émis illégitimement lui-même; il est le seul juge et le seul arbitre de ceux qu'il faut faire connaître et de ceux qu'il faut celer.

Mais à la banque une autre nécessité se présente; il faut reconnaître le nombre des registres déposés comme souches des billets détachés. Trente registres contenant les billets reçus par le général Benaïad ont été par lui déposés à la banque; au jour de son départ, il n'y en avait que trente; ces trente registres renferment les souches des 4,888,600 piastres, les seules qui lui aient été fournies, les seules dont on ait les récépissés; et au jour du procès-verbal, la banque n'avait plus en dépôt TRENTE cahiers de billets ou registres à souches; elle en possédait TRENTE-QUATRE.

On avait introduit et déposé QUATRE registres de plus, quatre registres dont les valeurs n'étaient point dans la possession seule légitime du général Benaïad. Qui les y avait déposés? Le kasnadar seul; seul il en avait la possibilité et la puissance; il avait détaché les billets de ces quatre registres; il en avait fait de l'argent; il les avait mis en circulation; et les agents infidèles de la banque les avaient accueillis comme faisant partie de la circulation légale de la banque; ils les remboursaient avec les fonds destinés à couvrir les émissions du général Benaïad.

Ce fait ressort nécessairement de la nature des choses. Il est indéniable; il est établi par la matérialité des preuves et le témoignage des pièces tunisiennes. Continuons à citer le procès-verbal de vérification :

« De ces billets il y en avait en circulation dans la capitale et dans la Régence entre les mains de » quelques-uns des fonctionnaires du gouvernement et des négociants de différentes nations, pour » la somme de. . . . . 1,485,850 piastres.

» Le restant. 185,000

» était à la banque sous les mains du respectable chevalier le caïd Nessim Chémana, receveur ou » caissier de la banque. »

« Cette dernière somme se compose; des *soixante mille piastres ou billets* que le caïd Nessim » A PRIS DU PRÉCITÉ MINISTRE, *avec leurs quatre registres*, qui sont les TRENTE ET UNIÈME, TRENTE-DEUXIÈME, » TRENTE-TROISIÈME ET TRENTE-QUATRIÈME REGISTRES MENTIONNÉS, *et en a donné un récépissé signé de sa main » au ministre.*

» Des quatre-vingt-treize mille huit cent quinze piastres, qu'il a reçues de la part de Sid Mahmoud » Benaïad, par l'entremise de son beau-frère le respectable Saïd Benaïad, et lui en a donné un reçu » revêtu de sa signature.

» Et des trente et un mille cent quatre vingt-cinq piastres formant le solde du compte courant » entre ledit Nessim et Sid Mahmoud Benaïad, compte relatif à la Banque.

» Ceci est le total des billets estampillés dont le détail est démontré dans le registre sus-mentionné. »

Ainsi il reste désormais établi par le procès-verbal que les souches des 31e, 32e, 33e et 34e registres ont été déposées à la banque directement et personnellement par le kasnadar; que le caissier Nessim les a reçues du kasnadar, qu'il en a délivré son récépissé au kasnadar; que le général Benaïad est resté étranger à toute cette opération, qui ne pouvait et ne devait se faire que par lui; et il ajoute qu'elle lui est restée complétement inconnue jusqu'au jour où on lui a communiqué les dernières pièces tunisiennes.

Il résulte forcément de ces faits que le kasnadar ayant détaché de leur souche les billets des quatre registres susceptibles d'émission, s'en est servi pour ses propres besoins, les a jetés dans le commerce, et qu'en même temps il les accréditait comme une circulation du directeur de la banque lui-même. Ce n'était que dans ce but qu'il pouvait avoir déposé les quatre registres à souche en question à la banque, afin d'autoriser les employés à en effectuer le payement sur les fonds de la banque, et de leur fournir les moyens de vérification nécessaires à ce remboursement.

Sur ce point, le procès verbal-porte encore un témoignage formel et décisif. Après avoir constaté la totalité des billets remboursés trouvés dans les caisses, appartenant soit aux trente registres livrés au général Benaïad, soit aux quatre registres déposés et employés depuis son départ à son insu, contrairement aux conventions, à la foi publique et aux contrats, ce document détermine ainsi la fonction et la destination des trente-quatre souches déposées :

« Lesdits registres sont déposés à la banque *pour la confrontation des billets qui y viendraient*, et » qu'on voudrait changer. »

Les billets des quatre registres récemment déposés par le kasnadar étaient donc lancés dans la circulation; et c'est afin qu'on pût les reconnaître et les confronter avec leurs souches que ces souches avaient été consignées aux bureaux de la banque.

Si on essayait de le nier, le procès-verbal lui-même fournit une preuve matérielle et irrécusable de cette circulation ; il constate qu'il n'y avait plus un sou dans la caisse, qu'il s'y trouvait seulement 185,000 piastres en billets remboursés; il constate en outre, que sur ces 185,000 piastres, il y en avait 60,000 appartenant aux 31e, 32e, 33e et 34e registres. Dès lors la circulation de ces billets est avérée, puisqu'il est constaté que la banque en avait remboursé, sur leur présentation, pour 60,000 piastres; elle n'en a pas remboursé un plus grand nombre ou parce qu'il ne s'en est pas présenté davantage, ou parce que les fonds lui manquaient.

Les billets des quatre derniers registres étrangers à l'administration du général Benaïad avaient donc été mis en circulation, puisque les agents de la banque, obéissant aux ordres du kasnadar, les accueillaient, les remboursaient avec l'argent de la banque.

Il demeure dès lors certain et démontré par les pièces officielles, qu'après les avoir détachés de leurs souches le kasnadar s'est approprié les billets des quatre registres dont il n'avait que le dépôt ; qu'il les a employés et émis sous le nom de la banque, qu'il a ordonné à la banque de reconnaître ces billets à leur présentation, comme s'ils étaient la dette de la banque et l'émission légitime du général Benaïad.

C'est cette émission exagérée et coupable qui a créé tous les embarras de cet établissement, embarras que dans son ignorance le général Benaïad ne pouvait ni comprendre ni s'expliquer. Dans ces conjonctures, il adresse ses précises instructions au caissier Nessim, il lui recommande de presser les rentrées qui sont en souffrance, il spécifie dans ces rentrées les fonds dus par le gouvernement, et c'est alors que se présente une nouvelle phase de cette souterraine intrigue.

Cette phase, nous allons en trouver la marche et les détails encore dans une pièce produite par les agents tunisiens, dans la lettre du général Benaïad au caïd Nessim, sous la date du 29 redjeb 1269 (*Pièce justificative* n° 3).

Elle répondait à une lettre de Nessim du 11 du même mois, dont le général Benaïad résumait et constatait les avis en ces termes :

« Votre dire sur la banque démontre clairement qu'elle possède la somme dont nous vous » avons parlé, et qui se compose, dites-vous, de ce qui est entre vos mains, de ce qui se trouve » entre les mains des écrivains, et de ce qui est entre les mains du caïd Schloum, sommes qui se » trouvent toutes à la banque, comme vous l'avez précédemment annoncé. »

Faisons le compte des sommes qui, d'après ces affirmations du caissier, devaient exister en caisse au moment où Benaïad écrivait, c'est-à-dire quatorze jours avant la date du procès-verbal.

La somme entre les mains du caïd Nessim était celle à lui versée selon son reçu par Saïd Benaïad. . . . . 93,815 piastres.

Celle qui était entre les mains des écrivains, c'est-à-dire en caisse sous la clef des officiers comptables du Bey, se compose de :

Piastres. 40,578. Solde arrêté en caisse au jour du départ de Benaïad.
25,000. Bénéfice réalisé de la banque.
65,578. Ci. . . . . 65,578 piastres.

Ce qui est entre les mains du caïd Schloum, caissier du Bey, c'est le solde dû par le gouvernement pour l'avance de 800,000 piastres qui lui ont été faites par la banque, ou. . . . . 490,000 piastres.

Total. . . . . 649,393 piastres.

Si les avis de Nessim étaient exacts et vrais, la banque avait donc à sa disposition 649,393 piastres. Il faut que cette somme se retrouve à la liquidation du 13 redjeb suivant, soit en argent, soit en billets. Comment donc se fait-il que le procès-verbal constate que toutes les valeurs trouvées à la banque ne se montent plus qu'à 185,000 piastres en billets, et rien en numéraire? Évidemment, Nessim trompait Benaïad, ou depuis il a rendu au kasnadar et fait disparaître les sommes dont on ne retrouve plus la trace. S'il trompait Benaïad, il le trompait par l'ordre exprès du kasnadar, et cela résulte de la déclaration de Nessim lui-même :

« Vous dites que le vizir vous *a ordonné de nous écrire pour nous faire savoir que la somme qu'il » doit à la banque s'y trouve présente*; de notre côté, il faut que nous y versions de l'argent afin que » la banque fasse honneur à ses affaires comme par le passé. Cette banque, a-t-il ajouté, ne peut » et ne doit pas se déshonorer.

» A cela, comme je vous avais précédemment répondu, je vous répète que l'honneur de la » banque consiste en ce qu'on lui rende les sommes qui lui sont dues, et ces engagements accomplis, elle aura de l'honneur comme par le passé et même davantage. Mais il faut, ô Nessim, » que ce dire soit une vérité. »

Tels sont les termes de la réponse du général Benaïad. On y voit les inquiétudes du kasnadar sur la situation qu'il avait faite et qu'il cherchait à couvrir, ses insistances pour que le général Benaïad versât encore du numéraire à la banque, et enfin cet appât qu'il lui présentait pour l'y décider, d'un remboursement qui n'était pas effectué et qu'il ordonnait cependant à Nessim d'affirmer.

Le général Benaïad avait-il raison de soutenir que si l'on remboursait la banque, si on ne la frustrait pas de ce qui lui appartenait, elle était plus qu'en mesure de remplir tous ses engagements? Oui, sans doute, la circulation faite par le général Benaïad était loin d'être de nature à mettre le crédit de la banque en péril. D'abord, il n'était point nécessaire, pour pourvoir au remboursement régulier, que la banque fût rigoureusement nantie d'espèces égales à la totalité de sa circulation, autrement quel aurait été le bénéfice de son opération? Il est sans exemple qu'une banque quelconque se soit jamais trouvée dans des conditions semblables. Mais enfin, subissons cet excès de rigueur. Les billets estampillés représentent-ils la somme réelle de cette circulation? L'alarme donnée, tout le monde s'est précipité vers la banque; chacun a voulu faire apposer l'estampille sur ce qu'il avait soit en dépôt, soit en propriété. Une certaine quantité de ces billets estampillés était entre les mains des agents du général Benaïad; ils se sont présentés comme les autres. Les noms des porteurs avaient une certaine importance pour se rendre compte du chiffre de la circulation sérieuse; ces noms et ces porteurs, le gouvernement les connaît, il les a inscrits sur ses registres en estampillant leurs billets; cependant il a jugé utile de ne point les révéler, ainsi que le prouve cette note jointe à l'état qu'il produit sur les billets estampillés (*Pièce justificative* n° 4).

« *Nota.* Si les noms ne sont pas mentionnés dans la colonne à ce destinée, c'est que le temps a » manqué pour faire ce volumineux travail. »

Ce n'est point la première fois que les agents tunisiens invoquent ce prétexte du temps, dont cependant ils ne sont point avares pour colorer les lacunes qu'ils introduisent dans leurs pièces.

Passons et poursuivons.

Nous acceptons contrairement au contrat que le général Benaïad dût tenir constamment dans les caisses une couverture exactement égale à celle des billets en circulation; nous acceptons que la somme des billets estampillés provenant des trente registres livrés au général Benaïad, et montant à 1,610,850 piastres, fût le chiffre sérieux et réel de la circulation de son fait. Cette somme était-elle représentée? était-elle à la disposition de la banque, le gouvernement remplissant et respectant ses engagements?

Nous avons déjà ci-dessus détaillé et justifié d'une somme que, dans sa lettre du 11 redjeb 1269, Nessim déclarait être complète et intacte à la banque. . . . . 649,393 piastres.

A la monnaie d'argent, il avait été versé par Hermas, pour compte de Mahmoud Benaïad, 60,000 douros achetés avec 400,000 piastres prises à la banque, qui devaient retourner dans ses caisses frappées au coin tunisien, dont le kasnadar s'était emparé, et qui, avec le bénéfice de fabrication, formaient au *minimum*. 425,000

Le kasnadar avait pris encore à la monnaie d'argent, avant le départ du général Benaïad, une première somme, dont il lui devait le remboursement, qui figure dans l'une de nos réclamations particulières, mais qui était encore une des réserves de la banque 221,177

Les comptes dressés et signés par Nessim, caissier de la monnaie aussi bien que de la banque, parce que ces deux établissements avaient les corrélations les plus intimes, constatent que le général Benaïad avait en outre à la monnaie, pour les besoins éventuels de la Banque, les trois sommes suivantes :

Solde du compte en date du 15 chaban 1268 . . . . 291,978 }
Idem d'un compte postérieur indépendant du premier. . . 164,624 } 456,602

Nessim avait également livré ces deux sommes au kasnadar.

En outre, en monnaie de cuivre frappée, en flans de cuivre expédiés par le général Benaïad, arrivés à Tunis avant la catastrophe de la banque, comme l'attestent les lettres de Nessim, cuivres dont le kasnadar s'est empressé de s'emparer pour se les appliquer, le ministre avait encore en mains, soit en flans, soit en monnaie frappée, une somme qui, au *minimum*, ne peut pas être évaluée à moins de. 700,000

Total des fonds, propriété du général Benaïad, provenant, soit de l'hôtel des deux monnaies, soit de la banque, et spécialement affectés soit aux réserves, soit aux besoins de cet établissement. . . . . 2,452,172 piastres.

Sans compter les cuivres déjà embarqués à Londres, à la connaissance du kasnadar, arrivés plus tard à Tunis, et les machines achetées par le général Benaïad, et auxquelles, avec tous leurs frais jusqu'au débarquement, on ne peut pas attribuer une valeur moindre d'environ 100,000 piastres.

Certes, le kasnadar ne pouvait pas ignorer qu'il devait à la banque 490,000 piastres; il ne pouvait pas ignorer qu'il avait enlevé à l'hôtel des monnaies pour environ 1,200,000 piastres d'argent effectif, et qu'il les avait employées à ses besoins. Or, ces sommes seules, toutes entre les mains du kasnadar au moment de la vérification de la banque, ne pouvaient pas lui laisser un doute sur la régularité de la position du général Benaïad, et lorsque, à la suite de cette comédie de vérification, il écrivait à tous les représentants de l'Europe que le directeur de la banque avait emporté la caisse, il calomniait sciemment, car il savait que cette caisse était entre ses mains, et qu'il s'était servi pour ses propres dépenses des fonds qu'elle devait contenir.

Malheureusement ces fonds étaient dissipés : une émission extraordinaire et subreptice écrasait la place. Le général Benaïad ne voulait donner des fonds qu'à la condition de régler ses comptes; la banque, dévorée par les continuels appels de fonds du kasnadar, ne possédait plus une piastre; le péril était imminent; il fallait se dénoncer soi-même ou faire une sorte de banqueroute, et l'on a mis la banqueroute sur le compte du général Benaïad.

La banqueroute résolue, comment procède-t-on? C'est le kasnadar qui de sa personne veut reconnaître les billets, non à la banque, mais dans ses propres bureaux. C'est lui seul qui, en dehors des agents de la banque, vérifie les billets, leur désigne ceux à admettre ou à rejeter à l'estampillage. Et, en effet, tous ceux qui sortent des trente registres remis au général Benaïad reçoivent l'estampille; mais on ne voit point figurer dans l'état un seul de ceux appartenant aux quatre registres dont le kasnadar a détaché les billets et dont il a ensuite déposé les souches à la banque. La vérification s'opère ainsi, que quoique les billets appartenant aux trente-quatre registres soient absents de leur souche et par conséquent au pouvoir soit des particuliers, soit de Benaïad, soit du kasnadar, il n'est question dans l'état annexé au procès-verbal que des billets des trente registres reçus par le général Benaïad, et pas un mot, pas une mention sur les billets des quatre registres dont le kasnadar s'est emparé et dont il ne rend aucun compte. Il les avait émis cependant, au moins dans leur plus grande partie. La preuve flagrante de cette émission ressort du dépôt des souches à la banque. Ce dépôt, comme le constate le procès-verbal, n'était opéré que pour fournir aux employés les billets présentés au remboursement : donc ces billets étaient en circulation.

Le général Benaïad en produit une autre preuve, c'est le témoignage d'un de ses anciens correspondants, M. Gabriel Valenzi, attaché au consulat de France, et en étroites relations alors comme aujourd'hui avec le kasnadar. Cet agent, le 4 avril 1853, c'est-à-dire environ quarante jours avant la vérification de la banque, écrivait au général Benaïad ces paroles remarquables, et dont aujourd'hui il est facile de percer le vague :

« Pour les billets de la banque, nous avons changé environ 15,000 piastres de ce que M. Thomas a laissé entre nos mains, à raison de 3 3/4 (1). Nous n'avons pu en changer davantage, *parce que le gouvernement a payé une forte somme en billets* et qu'ils sont devenus très-abondants sur la place. »

(1) On se rappelle que l'escompte perçu par la banque au remboursement était de 4 pour 100. Au moment où M. Valenzi écrivait, l'escompte des billets était donc encore au-dessus du pair.

Voilà l'émission du kasnadar de nouveau constatée. Il avait fait un fort payement en billets; il venait d'encombrer la place au 4 avril 1853, c'est-à-dire au commencement de redjeb 1269. Ce fort payement, il n'avait pu le faire avec les billets provenant du général Benaïad; ils étaient déjà entre les mains des particuliers ou des agents du général, et le gouvernement en possédait si peu que le kasnadar était forcé pour un appoint d'émettre ou de verser à la Banque pour 60,000 piastres des billets frauduleux qu'il s'était appropriés. Le fort payement dont parle M. Valenzi nous raconte évidemment l'emploi qui a été fait de la totalité des billets des 31ᵉ, 32ᵉ, 33ᵉ et 34ᵉ registres; ils ont servi au payement qu'avait à faire le kasnadar.

De cet ensemble de faits et de témoignages, l'évidence résulte qu'une émission frauduleuse de billets a été opérée par les agents du gouvernement tunisien, que le poids seul de cette émission a surchargé la place et écrasé la banque, et que, n'ayant plus moyen d'y parer, on a résolu à la fois de cacher la fraude et la faillite sous la responsabilité calomniée du général Benaïad.

Tout est connu maintenant, et dès lors on ne peut point comprendre comment peut se soutenir cette noire diffamation qui a imputé au général Benaïad l'enlèvement de la caisse. Mais, en oubliant même tout ce que nous avons dit, qu'aurait-il donc enlevé? Admettons que la circulation du général Benaïad fut de 1,610,000 piastres, il n'avait pas enlevé sans doute ni les 159,000 piastres dont l'existence en numéraire est constatée à la caisse de la banque, ni les 490,000 piastres dues par le gouvernement, ni les 400,000 piastres qui avaient été transportées de la banque à la monnaie, qui devaient y retourner après avoir été frappées, et qui ne sont sorties de la monnaie que pour entrer dans les mains du kasnadar. Or ces trois sommes effectives, matérielles, existantes à Tunis, forment à elles seules 1,074,000 piastres. Laissons les 700,000 piastres environ enlevées par le kasnadar à la monnaie d'argent, et la somme égale dont il s'est nanti à la monnaie de cuivre, la circulation estampillée était de. . . . . 1,610,000 piastres.

Les sommes effectives, propriété du directeur de la banque, existant à la banque ou réserve de la banque à l'hôtel des Monnaies, restait encore de. . 1,074,000 piastres.

Balance de la circulation non couverte ou représentation de la somme que le général Benaïad aurait pu emporter en faisant abstraction des autres sommes indiquées. . . . . 536,000 piastres.

Voilà, dans les circonstances les plus défavorables, les plus extrêmes contre le général Benaïad, et nous ajoutons, dans les circonstances les plus fausses, la somme pour laquelle il se serait couvert de honte par cette escroquerie ignoble. C'eût été pour enlever 536,000 piastres.

Mais du moins faudrait-il prêter à ce voleur une ombre de jugement. Il voulait voler 536,000 piastres, et il laissait derrière lui, à la merci du gouvernement dépouillé, dix millions de ses propriétés, dix millions de ses créances; il enlevait à une caisse 536,000 piastres, et il ne se souvenait pas que le gouvernement lui devait plus de 3,000,000 de piastres par la délégation du Sabtab, 2,000,000 par les délégations sur les cuirs et les tabacs, 1,400,000 piastres sur les fonds de roulement de cette dernière ferme, huit ou dix millions de teskerés non réglés pour les fournitures courantes; il oubliait que ce gouvernement auquel il faisait un semblable larcin lui devait encore bien d'autres sommes, dont la plus modeste était supérieure à celle dont on l'accuse d'avoir voulu s'emparer, et qu'au total le général Benaïad n'eût ainsi volé que lui-même; car, par son crime, il mettait le gouvernement tunisien en situation de le traiter en criminel, et de lui refuser le payement de tous ces millions qu'il lui devait.

Une telle conduite est-elle possible, et faudrait-il y croire parce qu'elle serait absurde? Le gouvernement tunisien n'y a point cru un instant. Il savait de science certaine que le général Benaïad ne pouvait lui faire défaut ni pour 500,000 piastres, ni pour 1,600,000, ni pour 4,000,000; mais le kasnadar voulait se sauver et se couvrir; il voulait accabler du poids de ses propres fautes le général Benaïad; il a donc publié officiellement, il a répandu dans le monde entier que ce dernier avait emporté la banque; non point 500,000 piastres, ou même 1,600,000, mais la caisse, mais les billets, mais les valeurs de toute espèce. C'était d'un excellent effet pour le but qu'on se proposait. Une banque en Europe, ce n'est point une circulation de quelques centaines de mille piastres; ce sont les millions par cinquantaine et par centaine. Le général Benaïad avait emporté la banque! et on s'arrêtait là. On calculait que la conclusion serait tirée qu'il s'agissait entre lui et le gouvernement, pour ce fait, non de 500,000 piastres, mais de sommes à compter par millions. Et en effet, fidèles à ce système, les agents tunisiens faisaient plaider, il y a quelques mois encore, devant la Cour impériale de Paris, ce prétendu enlèvement de la banque, et lui attribuaient l'immensité des capitaux que, selon eux, Benaïad avait apportés en France.

Ne négligeons point toutefois une seule objection. A côté des billets en circulation, on place les billets non émis dont le général Benaïad a conservé la garde par devers lui, et on lui fait un crime de cette heureuse prudence. Il était personnellement responsable de ces valeurs; elles lui étaient personnellement confiées; il avait à la fois le droit et le devoir de ne s'en point dessaisir; il ne pouvait s'en dessaisir qu'à ses risques et périls. On lui reproche donc de n'avoir point laissé cette somme considérable entre les mains du juif Nessim, c'est-à-dire à la discrétion du kasnadar; on a donc la hardiesse de se plaindre de n'avoir point trouvé ces valeurs dans cette caisse d'où l'on a enlevé les fonds que le directeur de la banque y avait déposés, et où l'on a introduit les faux billets d'une émission frelatée. Le général Benaïad a certes quelque droit de s'étonner d'une prétention si mal justifiée. Au surplus, que lui veut-on? Ses valeurs, en fait, ont été beaucoup plus en sûreté dans ses mains que dans celles des employés infidèles qui ont manqué à tous leurs devoirs. Ces valeurs, il justifie et de leur existence et de leur non-circulation; ces valeurs, il les représente intactes au Comité, et il les tient, après les règlements légitimes, à la disposition du gouvernement de Tunis. Il n'y a rien là que de légal, de loyal, et même de sagement prévoyant. Si ces billets étaient restés à Tunis, ils ne seraient plus à la disposition ni du Comité ni du gouvernement, ils auraient été dissipés comme ceux ou à la place de ceux des trente et unième, trente-deuxième, trente-troisième et trente-quatrième registres, et le général Benaïad aurait à s'en prendre d'abord à sa propre imprudence.

Avant de finir, un mot encore; car il faut tout résoudre et tout épuiser. Le général Benaïad demandait à Nessim, dans les temps qui ont précédé l'éclat de la banque, 600,000 francs de lettres de change, qui devaient, dit-on, être payés avec l'argent de la banque, et qui étaient destinés à achever de l'épuiser. Cela serait-il, que le général Benaïad pourrait répondre qu'en fait le caïd Nessim ne lui a pas obéi, et que dès lors ce n'est point cette demande qui a pu vider la caisse. Il pourrait ajouter qu'il demandait, il est vrai, à Nessim, ces 600,000 francs en traites, et qu'à cet effet il lui recommandait l'échange de billets, mais qu'en même temps il lui ordonnait de prendre pour cet achat, comme le constate sa lettre, soit les fonds que ledit Nessim avait dû recevoir d'ailleurs pour son compte, soit de l'argent déposé dans sa maison de Gammart, soit des versements ordonnés à Soliman Benaïad, et que dès lors ce n'était point seulement sur les fonds de la banque que le prix de ces traites devait être prélevé. Mais le général Benaïad ne veut point se contenter de ces premiers arguments; il en possède de plus profonds et de plus directs. En y comprenant les sommes de l'hôtel des Monnaies, il avait en espèces sonnantes pour la provision de la banque une somme supérieure même aux 1,610,000 piastres depuis estampillées. Il avait acheté, il avait en partie payé, et il avait à solder les machines et les cuivres destinés à l'hôtel des Monnaies. Toutes ses lettres constatent que ces métaux monnayés devaient être versés immédiatement à la banque, qu'ils auraient approvisionné d'une somme bien supérieure à celle des traites demandées. Son contrat avec M. Thomas d'Alvarès constate qu'il s'était assuré d'une fabrication de 400 quintaux de monnaie par mois, et qu'il avait muni l'établissement de toutes les machines nécessaires à cette fabrication; à l'heure où il faisait sa demande, la plus grande partie des flans expédiés était arrivée à Tunis avec les machines, et le reste était en route. Il était donc naturel que, certain que la banque possédait déjà une valeur de cuivre de plus d'un million de piastres après fabrication, il lui en demandât la contre-valeur par les traites requises. Le général Benaïad pouvait-il toujours payer sans jamais recevoir? Ses lettres constatent qu'on laissait ses comptes en souffrance; on ne lui payait aucune de ses délégations échues; il avait à pourvoir à toutes les demandes quotidiennes du Bey en fournitures de toute sorte, et à entretenir par conséquent dans ses magasins d'immenses approvisionnements. La Californie elle-même aurait fini par s'épuiser à cette absorption perpétuelle. Le général Benaïad a donc, dans ces circonstances, réclamé une remise de 600,000 francs à son caissier Nessim. Il avait 1,800,000 piastres effectives en dépôt soit à la banque, soit à la caisse de l'hôtel des Monnaies vidée par le kasnadar; il réclamait à la fois la restitution des sommes enlevées et les fonds dont il avait besoin à Paris. Ce qu'il demandait à la banque, il l'en avait préalablement couverte avec usure par ce qu'il y avait envoyé, et la demande était destinée à payer cet envoi lui-même. Le général Benaïad n'était-il point cent fois dans la justice et dans son droit, et le Comité ne pense-t-il pas qu'il s'est beaucoup trop arrêté à combattre ces misères?

En résumé, le général Benaïad articule et pense avoir prouvé que dans les termes les plus rigoureux et les plus excessifs, il était parfaitement en règle avec les conditions des contrats pour son privilége de la banque; que ses émissions de papier ont été aussi prudentes que modérées; que cet établissement, par son fait, n'a jamais failli à ses obligations; que le kasnadar a frauduleusement opéré des émissions de billets qui n'étaient ni dans son droit, ni dans ses attributions; que, non content de cet énorme tort, il a encore absorbé toutes les ressources accumulées autour de la banque par la prévoyance du général Benaïad; que la suspension des payements des billets a été exclusivement causée par cette absorption et par le refus de la réparer, combinés avec des émissions frauduleuses, qui ont surchargé la place et ébranlé le crédit de la banque solidement assis; qu'alors le kasnadar à bout de ressources, reculant devant l'effrayante responsabilité de ses actes, a pris le parti de travailler à les étouffer en accablant le général Benaïad; qu'il a lui-même arrangé à sa guise l'estampillage des billets; qu'il a dicté l'arrangement des états de situation et les termes du procès-verbal; que, malgré tout, les faits étaient si patents, si puissants, qu'ils n'ont pu entièrement échapper aux constatations de cette pièce livrée seulement sur les sommations formelles du Comité, et qu'enfin toutes les violences et toutes les spoliations qui l'ont suivie n'étaient que les nécessités logiques du précipice sur la pente duquel on avait voulu se placer.

Le général Benaïad avait pensé que même après les tristes distractions d'un gouvernement présentant à son crédit un reçu de huit millions qu'il sait être annulé, les faux comptes de Bahram, de Barhini et de Ben-Abbès devaient être le suprême scandale de cette affaire. Il s'était encore trompé. La fausse réclamation de huit millions, les comptes fabriqués pour en extorquer encore cinquante, pâlissent au point de vue moral à côté de cette affligeante histoire de la banque.

Nous avons insisté sur cet épisode, parce qu'il nous paraît couronner dignement toute la moralité du procès. Quant au compte matériel de la banque lui-même entre les parties, il n'y a point de difficulté, et elles sont d'accord. D'après ses reçus produits, le général Benaïad doit, tant en billets non émis qu'en billets en circulation. . . . . 4,888,600 piastres.

Il a à compter et à rembourser contre la présentation des billets estampillés. . . . . 1,610,850 piastres.

Il doit représenter ces billets non émis, et il les tient à la disposition du Comité. 3,277,750

4,888,600 piastres.

Le gouvernement tunisien, de son côté, lui doit compte :

1° Pour les fonds restés à la banque. 159,393 piastres.

2° Pour la somme due à la banque par le kasnadar. 490,000

3° Pour les 400,000 piastres versées par Hermas en écus français, et frappées au coin tunisien, et dont le kasnadar s'est emparé après leur monnayage. 425,000

4° Pour les deux sommes déposées à l'hôtel des monnaies et que le kasnadar s'est appliquées après le départ du général Benaïad. 456,000

Total. . . . . 1,530,393 piastres.

Indépendamment du payement de l'article des 221,177 1/2 piastres de l'hôtel de la monnaie d'argent compris dans le compte de Métallit, et du remboursement des 1,500,000 piastres réclamées à l'article de la monnaie de cuivre.

PIÈCES JUSTIFICATIVES.

Pièce justificative n° 1.

ÉTAT DE SITUATION DES BILLETS DE BANQUE ESTAMPILLÉS.

(Production des agents tunisiens sous le n° 71.)

Copie du Registre,

Contenant le nombre, la valeur et les numéros des billets de banque en circulation présentés par les porteurs et estampillés.

On a relevé sur les trente cahiers à souche tous les billets de la Banque remis à M. Benaïad, contenant le numéro et la valeur de chaque billet, et l'on a porté dans une colonne les billets présentés et estampillés, et dans une autre ceux non présentés.

Nota. Si les noms ne sont pas mentionnés dans la colonne à ce destinée, c'est que le temps a manqué pour faire ce volumineux travail.

Inscription des billets du premier cahier de souche.

	BILLETS	
	PRODUITS et estampillés.	NON PRODUITS.
	Piastres.	Piastres.
Totaux du 1er cahier de souche	75,500	43,300
— 2e —	37,250	22,550
— 3e —	6,350	3,650
— 4e —	44,500	55,500
— 5e —	6,550	3,450
— 6e —	7,000	3,000
— 7e —	7,550	2,450
— 8e —	6,500	3,500
— 9e —	149,000	51,000
— 10e —	»	200,000
— 11e —	185,000	815,000
— 12e —	6,950	3,050
— 13e —	5,900	4,100
— 14e —	7,100	2,900
— 15e —	7,550	2,450
A reporter	552,700	1,215,900

	BILLETS	
	PRODUITS et estampillés.	NON PRODUITS.
	Piastres.	Piastres.
Reports.	552,700	1,215,900
Totaux du 16ᵉ cahier de souche	6,300	3,700
— 17ᵉ —	7,200	2,800
— 18ᵉ —	6,750	3,250
— 19ᵉ —	7,050	2,950
— 20ᵉ —	6,250	3,750
— 21ᵉ —	7,250	2,750
— 22ᵉ —	6,850	3,150
— 23ᵉ —	6,000	4,000
— 24ᵉ —	9,900	100
— 25ᵉ —	8,750	1,250
— 26ᵉ —	7,200	2,800
— 27ᵉ —	6,900	3,100
— 28ᵉ —	510,000	490,000
— 29ᵉ —	310,000	690,000
— 30ᵉ et dernier	130,000	870,000
TOTAUX DÉFINITIFS.	1,589,100	3,299,500
Billets portant de doubles numéros, mais qui ne font point double emploi, comme il résulte du total général s'élevant à 4,888,600 piastres, total conforme à celui reconnu par M. Benaïad.	*Report* . . .	3,299,500
	21,750	21,750
Report.	1,589,100	
	1,610,850	3,277,750

	Piastres de Tunis
Montant des billets non produits	3,277,750
— produits et estampillés	1,610,850
TOTAL	4,888,600

Pièce justificative n° 2.

PROCÈS-VERBAL DE VÉRIFICATION DE LA BANQUE EN DATE DU 13 CHABAN 1269.

(Production des agents tunisiens sous le n° 70.)

LOUANGE A DIEU!

Cejourd'hui mercredi, 3 du mois de la date ci-dessous, a paru à Sa Hautesse, notre Maître et Seigneur (qu'il soit toujours chéri!), convenable de rassembler tous les billets de banque de la régence. Il fixa pour leur rassemblement dix jours de la date des présentes.

Ces billets furent réunis à la maison de la Kasba, et Son Excellence Moustapha kasnadar, général de division et ministre de l'intérieur, les examina. Il autorisa d'estampiller tous ceux trouvés réguliers, en écrivant dessus : « *Reconnus et approuvés* » de la main du très-heureux, du pieux écrivain érudit, le cheik Saïd-Ahmad-Aba-el-Diaf, et ce après les avoir confrontés avec ses registres, qui sont les trente-quatre registres déposés à la Banque.

Le total des billets estampillés et inscrits dans un autre registre monta à *un million six cent soixante-dix mille huit cent cinquante piastres.*

De ces billets il y avait en circulation dans la capitale et dans la Régence, entre les mains de quelques-uns des fonctionnaires du gouvernement et des négociants des différentes nations, pour la somme de *un million quatre cent quatre-vingt-cinq mille huit cent cinquante piastres*; le restant, *cent quatre-vingt-cinq mille piastres*, était à la Banque sous la main du respectable chevalier le caïd Nessim-Chemana, receveur ou caissier de la Banque.

Cette dernière somme se compose de *soixante mille piastres* en billets que le caïd Nessim a pris du précité ministre, avec leurs quatre registres, qui sont les 31e, 32e, 33e et 34e registres mentionnés, et en a donné un récépissé signé de sa main au ministre; des *quatre-vingt-treize mille huit cent quinze piastres* qu'il a reçues de la part de Saïd Mahmoud-Benaïad par l'entremise de son beau-frère le respectable Saïd-Benaïad, et lui en a donné un récépissé revêtu de sa signature; et des *trente et un mille cent quatre-vingt-cinq piastres* formant le solde du compte courant entre ledit Nessim et Saïd Mahmoud-Benaïad, compte relatif à la Banque.

Ceci est le total des billets estampillés, dont le détail est démontré dans le registre susmentionné.

On ne peut demander du receveur ou caissier que les sommes pour lesquelles il a délivré des récépissés, attendu que cet écrit ne doit pas servir comme une double preuve.

Lesdits registres sont déposés à la Banque pour la confrontation des billets qui y viendraient et qu'on voudra changer.

Écrit par celui qui invoque la générosité de son Dieu, Abd-el-Kader-ben-Ghacham, témoin de la Banque, et ici pour le maître, le ministre mentionné, ainsi qu'il en a écrit une copie dans ledit registre; au bas de chacune des deux copies, ledit receveur a apposé sa signature.

Le 13 chaaban de l'année 1269.

Signé : CAID-NESSIM-CHAMAMA.

LOUANGE A DIEU!

L'écriture ci-haut est celle de l'érudit témoin et écrivain le cheik Si-Abd-el-Kader-ben-Ghacham, l'un des témoins de la régence de Tunis.

Mohamad-el-Badji-el-Massoud, du nombre des témoins de Tunis, atteste ce qui est dit.

Sur la copie arabe se trouve ce qui suit :

« Je, soussigné, premier interprète du consulat général de France, à Tunis, certifie que la signature » ci-dessus en langue hébraïque est celle du caïd Nessim-Chamama, et que l'attestation qui vient immé- » diatement après en langue arabe est écrite par Sid-Mohammed-el-Bajy et Massoudi, un des notaires » tunisiens.

» Tunis, le 26 septembre 1855.

» *Signé :* A. ROUSSEAU.

» Vu pour la légalisation de la signature ci-dessus de M. Alp. Rousseau.

» Le consul général et chargé d'affaires de France.

» *Signé :* LÉON ROCHES. »

Pièce justificative n° 3.

(Production des agents tunisiens.)

Nota. — Cette pièce n'est que la copie de celle adressée au caïd Nessim par le général Benaïad. Les agents tunisiens, selon leur constante habitude, ont cru ne devoir communiquer qu'une copie. Cette copie ils l'ont modifiée en outre dans sa translation en français. Le général Benaïad met en regard la traduction exacte et la traduction peu fidèle des agents tunisiens. Les mêmes observations s'appliquent à la pièce justificative n° 4.

Copie d'une lettre adressée le 29 redjeb 1269 par Mahmoud Benaïad au chevalier Nessim-Chamama.

(Traduction des agents tunisiens.)

LOUANGE A DIEU SEUL!

Le respectable, l'honorable chevalier caïd Nessim-Béchi.

Après nous être informé de vous et de toutes vos affaires, nous vous disons que votre lettre du 11 du courant nous est parvenue par ce courrier.

Vous dites m'avoir précédemment annoncé que les permis de sortie d'huile ont été remis au chevalier Mercier. C'est bien.

Il paraît, d'après ce que vous nous dites de la Banque, que les sommes dont nous avions parlé y sont, ainsi que celle que vous avez sous votre main, celle qui se trouve sous la main des écrivains, et celle sous la main de Caïd-Chelomo, et qu'ainsi que vous nous l'avez précédemment annoucé, toutes ces sommes sont à la Banque. Il semble aussi que le ministre ne s'en occupe pas, n'y fait pas attention et ne veut y prendre un seul nasra; et qu'enfin la Banque vient de mettre en circulation environ 250,000 piastres desdites sommes.

Nous vous faisons connaître qu'il faut que la Banque marche comme nous vous l'avons marqué précédemment; que vous et les témoins mettiez

Copie d'une lettre adressée par Mahmoud Benaïad au chevalier Nessim-Béchi, en date du 29 redjeb 1269.

(Traduction du général Benaiad.)

LOUANGE A DIEU SEUL!

Le respectable, l'honorable, le chevalier caïd Nessim-Béchi, que Dieu le protége!

Après nous être informé de vous et de toutes vos affaires, nous vous disons que votre lettre en date du 11, présent mois, nous est parvenue par ce courrier.

Vous dites que vous nous avez précédemment informé de la remise des permis de sortie faite au chevalier Mercier. C'est bien.

Votre dire sur la Banque démontre clairement qu'elle possède la somme dont nous vous avons parlé, et qui se compose, dites-vous, de ce qui est entre vos mains, de ce qui se trouve entre les mains des écrivains, et de ce qui est entre celles du caïd Chlomo, sommes qui se trouvent toutes à la Banque, comme vous nous l'avez précédemment annoncé.

Vous dites aussi qu'il paraît que le vizir n'a pas des intentions sur la Banque, et qu'il ne veut en prendre pas même un seul nasseri, et que la Banque a changé environ 250,000 piastres des sommes susmentionnées.

Nous vous faisons savoir que la Banque doit marcher conformément aux instructions que je vous ai précédemment adressées, que vous et les notaires

votre signature dans la comptabilité; qu'il faut que la somme due par Sidi-Kasnadar soit à la Banque, ainsi que ce que vous avez reçu de Si-Saïd; alors, si vous voulez changer des billets, vous pourrez le faire jusqu'à concurrence desdites sommes, sans qu'il résulte aucun préjudice à la Banque.

Vous dites que le ministre vous a ordonné de nous écrire pour nous faire savoir que la somme qu'il doit à la Banque y est rentrée, et qu'il faut que nous en versions aussi, afin que la Banque ait un encaisse considérable comme pour le passé. Cette banque, a-t-il ajouté, nous étant confiée, nous en sommes responsable, et il ne convient pas qu'un pareil établissement se déshonore en manquant à ses engagements.

Je vous ai précédemment fait connaître, et je vous le répète de nouveau, que l'honneur de la Banque consiste en ce qu'on rende les sommes qu'on lui a empruntées; alors son crédit redeviendra même plus grand que par le passé. Il faut absolument, ô Nessim! que les paroles portent l'empreinte de la vérité.

Vous dites que le ministre vous a aussi engagé à nous écrire de vous envoyer tous nos comptes afin qu'il les règle avec notre fils Sidi-Hamida, et qu'il trouve le moyen de nous solder si nous sommes créanciers. Que Dieu le récompense de toutes sortes de biens! Quant à nous, avant notre départ, nous vous avions autorisé, ainsi que Si-Hamida, à faire ce compte, et, depuis que nous sommes ici, nous vous avons écrit à ce sujet par tous les bateaux à vapeur. Commencez par le compte fait par l'entremise de Si-Mohamed-Bou-Kharis, dont quelques-uns des articles sont sans preuves écrites, dont nous vous avons parlé plusieurs fois. Sidi-Khasnadar nous avait promis de terminer ce compte; comment se fait-il qu'il n'est pas encore réglé?

Faites attention à ce que nous avons dit du compte de l'hôtel des Monnaies, et que Sidi-Khasnadar nous donne des récépissés de ce qu'il touche. Parlez-en à Sidi-Khasnadar, et faites-nous part de sa réponse.

Vous dites, relativement au cuivre de l'hôtel des Monnaies et pour notre règle, qu'on veut donner

signerez un écrit dans lequel vous déclarerez que la somme due par Sidi-Khasnadar, avec celle que vous avez reçue de Sid-Saïd, sont à la Banque; et avec ces sommes, conjointement à celles provenant de l'escompte du change, vous changerez, et après cela jamais la Banque ne pourra éprouver de préjudices.

Vous dites que le vizir vous a ordonné de nous écrire, pour nous faire savoir que la somme qu'il doit à la Banque se trouve présente à la Banque, et que, de notre côté, il faut que nous y versions de l'argent, afin que la Banque fasse honneur à ses affaires comme par le passé; cette Banque, a-t-il ajouté, ne peut et ne doit pas se déshonorer.

A cela, comme je vous avais précédemment répondu, je vous répète de nouveau que l'honneur de la Banque consiste en ce qu'on lui rende les sommes qui lui sont dues; et ses engagements accomplis, la Banque aura de l'honneur comme par le passé, et même davantage; mais il faut, ô Nessim! que ce dire soit une vérité.

Vous dites que le vizir vous a aussi engagé à nous écrire de vous envoyer tout notre compte, afin qu'il le règle avec notre neveu Sid-Hamida, et que si après le règlement Son Excellence restait débiteur, elle trouvera un moyen pour nous solder. Que Dieu veuille la récompenser avec toutes sortes de biens!

Depuis que nous sommes ici il ne s'est pas passé un courrier sans que nous vous ayons écrit à ce sujet. Sid-Hamida et vous, vous avez l'autorisation, non-seulement d'aujourd'hui mais depuis fort longtemps, de faire ce compte. Commencez donc par le compte dressé par l'entremise de Sid-Mahmoud Bou-Kris, dans lequel il se trouve quelque article sans titre. Nous avons écrit plusieurs fois au sujet de ce compte, et Sidi-Khasnadar nous a assuré sa prochaine solution. Pourquoi n'avez-vous pas jusqu'à présent pressé ce règlement?

Quant au compte de l'hôtel de la Monnaie et de ce que Sidi-Khasnadar a touché, il faut qu'il nous en donne des reçus, etc.; parlez-en donc avec Son Excellence, et faites-nous savoir sa réponse.

Quant à ce que vous dites au sujet du cuivre de l'hôtel de la Monnaie, qu'il faudra qu'on en paye une partie de celui laissé par Thomas et converti en monnaie pendant son absence par son délégué Benoit, que le charbon convenable est totalement consumé, que celui qui reste ne vaut rien, qu'il n'y a plus de creusets, et que nous ayons à envoyer de bon charbon.

Nous avons également appris qu'on a interdit le débarquement du cuivre. Thomas va vous rejoindre, il tâchera de se débrouiller, autrement nous ne nous en mêlerons pas. Les paroles là-dessus seraient trop longues. Si l'on ne prenait pas un arrangement avec ledit, et sous tous les rapports, il y aurait de grandes pertes.

Vous dites que vous avez entretenu Sidi-Khasnadar de la situation de l'hôtel de la Monnaie, de son chômage et de tout ce qui était nécessaire, comme nous vous l'avions annoncé; qu'il vous a répondu que tout ce que nous avions dit est juste, et qu'il aura soin de ce service, qu'à l'avenir tout ira bien; que les roues et la nouvelle machine à vapeur pour le cuivre sont arrivées de France, et qu'enfin il apporte un grand soin aux réparations à faire à l'hôtel des Monnaies, ainsi que nous vous l'avions fait connaître.

Voici que Thomas se rend chez vous; mais dites à Sidi-Khasnadar que si l'on ne s'accorde pas avec ledit d'une manière convenable, on nous fera sous tous les rapports de grands préjudices.

Quant à ce que vous dites, à savoir que nous autorisions les personnes en question à vous payer la douane de la marchandise qui est arrivée par l'entremise de Hadj-Hamda-Zoulime, après cette lettre, s'il plaît à Dieu, nous vous répondrons.

Rien de plus à vous communiquer. Portez-vous bien.

Écrit mercredi du mois de radjab 1269.

Cette lettre est écrite à la hâte, attendu qu'aujourd'hui nous donnons un grand diner à plusieurs membres du gouvernement français.

Quant à ce que vous dites que vous avez reçu de Malte une lettre annonçant l'envoi de trois cents barils de cuivre, qui sont encore à la douane parce que Sidi-Mahmoud-Kahia veut en prévenir Son Altesse (que Dieu lui accorde la victoire!), nous venons d'apprendre que leur débarquement est in-

une partie de ce que Thomas a laissé, et qui a été frappé pendant son absence par son délégué Benoit, et que le bon charbon est consommé, nous l'avons compris, ainsi que l'interdiction du débarquement du cuivre; à cela nous répondons que voilà Thomas qui se dirige vers vous, et il aura soin de son affaire, autrement nous ne nous en mêlerons pas, etc.; et si l'on ne prend pas un arrangement avec le susdit, il y aura une grande discussion qui nécessiterait une grande perte sur tous les rapports

Vous dites que vous avez entretenu Sidi-Khasnadar de la situation de l'hôtel de la Monnaie, de son chômage et de tout ce qui lui est nécessaire, comme nous vous avions annoncé, que Son Excellence vous a répondu que ce que nous avons dit était juste, et qu'elle a bien soin de ce service, que dans l'avenir il n'y aura que du bien. Vous dites aussi que les roues et la nouvelle machine à vapeur pour le service du cuivre sont arrivées de France, et que Sidi-Khasnadar apporte un grand soin aux réparations à faire à l'hôtel de la Monnaie, ainsi que nous vous l'avions annoncé.

Voilà que Thomas se rend à Tunis; et, s'il ne survient pas un bon accord avec lui, dites à Sidi-Khasnadar que nous serons sous tous les rapports sujets à un grand préjudice.

Quant à votre demande, que nous autorisions nos agents de vous payer les droits de douane de la marchandise qui est arrivée par l'entremise de Sid-el-Hadje-Hamda-Zulim, après la présente lettre, nous vous répondrons, si Dieu veut, à ce sujet.

Écrit le mercredi 2 redjeb 1269.

Cette lettre a été écrite à la hâte, attendu qu'aujourd'hui nous donnons un grand diner à plusieurs membres du gouvernement français.

Quant à ce que vous dites que vous avez reçu de Malte une lettre annonçant l'envoi de trois cents barils de cuivre, et qui sont encore à bord parce que Sid-Mahmoud-Kahia veut prendre à leur sujet les ordres de Son Altesse (que Dieu le rende victorieux!), et que leur débarquement a été interdit,

perdit; si ceci est vrai, il nous en résultera une grande perte, et nous aurons à dire de grandes paroles à ce sujet, etc.

Pour traduction conforme,

Le deuxième interprète de S. A. le Bey.

Signé : FÉLICE RAFFO.

Vu et certifié :

Le premier interprète du consulat général de France à Tunis.

Signé : A. ROUSSEAU.

Pour la légalisation des signatures ci-dessus de Félice Raffo et Alphonse Rousseau,

Le consul général et chargé d'affaires de France à Tunis.

Signé : LÉON ROCHES.

nous l'avons compris : si ceci est vrai, il en résultera une grande perte, et nous serons obligé de nous en plaindre beaucoup, etc.

Pièce justificative n° 4.

(Production du général Benaïad.)

Copie d'une lettre de Mahmoud Benaïad au chevalier caïd Nessim, du 20 chaoual 1268.

(Traduction des agents tunisiens.)

LOUANGE A DIEU!

Au respectable chevalier notre ami Nessim Chamama.

Nous avons reçu votre lettre : tout ce que vous nous y annoncez relativement à la stagnation des affaires, à l'impossibilité de rien conclure avec les personnes et aux sommes minimes que vous encaissez, nous l'avons compris. Vous savez que cette affaire ne peut avancer si l'on n'y apporte pas de la sollicitude et si l'on n'encaisse pas, sans quoi, d'où payerons-nous? Vous alléguez pour excuse le mois du jeûne (ramadan); il s'est heureusement écoulé, et j'attends votre prochaine réponse.

Il faut absolument vous remuer avec persévérance pour retirer ce qui nous est dû par différentes personnes et pour terminer le règlement des comptes que nous avons avec le gouvernement et que nous avons laissé en suspens, et cela le plus promptement possible.

Benoît est venu nous trouver; par notre prochaine, nous vous dirons ce qu'il en est. Ce que nous vous recommandons chaudement, c'est que vous nous achetiez et expédiiez par ce courrier des traites équivalant aux sommes que nous avons chez vous et à celles de l'hôtel de la Monnaie. Ces traites seront achetées au prix courant. Si vous en trouvez pour des sommes plus fortes que celles mentionnées, achetez-les et prenez le montant chez M. Mer-

Copie d'une lettre de Mahmoud Benaïad adressée par lui au caïd Nessim, le 20 chaoual 1268.

(Traduction du général Benaïad.)

LOUANGE A DIEU!

Respectable, vénérable chevalier, notre ami Nessim Chamama,

Nous avons reçu votre lettre, et nous avons compris tout ce que vous nous avez annoncé relativement à la stagnation des affaires et au non-recouvrement des sommes dues par divers, et au peu de recettes que vous faites.

Vous savez que cette affaire ne peut marcher si l'on n'y apporte pas l'attention nécessaire et si l'on n'opère pas les rentrées: sans cela, avec quoi payera-t-on?

Vous vous êtes excusé sur le mois de jeûne (ramadan); heureusement ce mois vient de finir, et je suis dans l'attente de votre prochaine réponse. Il faut absolument que vous vous occupiez sérieusement de faire rentrer les sommes qui nous sont dues par divers, ainsi que de l'achèvement de nos comptes, que nous vous avons laissé à régler avec le Beylik.

Benoît est arrivé ici, et il est venu nous voir; et par notre prochaine lettre, nous vous ferons savoir ce qu'il en est.

Nous vous recommandons fortement de nous acheter par ce courrier des traites pour le montant de l'argent que vous nous devez, ainsi que celui de l'hôtel de la Monnaie, et cela au prix actuel. Si vous trouvez des traites pour une somme plus forte que les sommes susmentionnées, achetez-les et

rier, attendu que nous avons autorisé notre fils Suleiman de lui remettre l'argent que nous avons, à votre connaissance, à Gamarte. Enfin, il faut absolument que nous recevions par ce courrier des traites pour cinq ou six cent mille francs. De même, changez les billets de banque de cent mille piastres, achetez des traites, et expédiez-les.

Tâchez de retirer l'argent de la Banque dû par le général de division ministre de la Régence Moustapha Kasnadar. Achetez également avec cette somme des traites. En un mot, employez l'argent existant, celui que vous avez, ainsi que celui qu'a notre fils Suleiman et celui provenant n'importe d'où, à l'achat de lettres de change. Il faut nécessairement, s'il plaît à Dieu, que vous nous expédiiez en traites la somme sus-mentionnée; vous ferez de même et au prix courant par chaque bateau à vapeur, attendu qu'il nous faut payer des sommes qu'il est impossible de retarder.

Faites tout ce qui dépendra de vous pour terminer les comptes, les rentrées, et envoyez les traites.

Ce que nous avons dit est suffisant, d'autant plus que nous n'avons rien aperçu de vos actes. Si l'on ne touche ce qui nous est dû, le tabac, etc., nos affaires se trouvent en suspens. Faites-nous savoir ce que Hermas reste devoir. Voici enfin ce que j'avais à vous annoncer en attendant votre réponse.

Le 20 chaoual 1268.

Signé : MAHMOUD.

Approuvé par celui qui a écrit.

Pour traduction conforme :

Le deuxième interprète de Son Altesse le Bey,

Signé : FÉLICE RAFFO.

Vu et certifié :

Le premier interprète du consulat général de France à Tunis,

Signé : A. ROUSSEAU.

Pour la légalisation des signatures ci-dessus, de MM. Félice Raffo et Alphonse Rousseau :

Le consul général et chargé d'affaires de France.

Signé : LÉON ROCHES

prenez-en le montant du négociant Mercier, parce que nous avons autorisé notre fils Soliman à lui verser l'argent qui a été déposé par votre intermédiaire à Gamarte. En résumé, il est de toute nécessité que nous recevions des traites par ce courrier pour une somme de cinq à six cent mille francs. Changez également les cent mille piastres de billets de banque, achetez avec cela des traites et expédiez-les.

Occupez-vous sérieusement de faire rentrer l'argent dû par le vizir de la Régence Sidi-Moustapha-Kasnadar, argent qui appartient à la Banque, et achetez également avec cette somme des traites. En un mot, achetez les traites avec l'argent existant et celui qui est entre vos mains, et celui qui se trouve chez Sid-Soliman et autres, quels qu'ils soient.

Il faut absolument, s'il plaît à Dieu, que vous nous expédiiez les susdites sommes en traites, et vous ferez ainsi par chaque courrier, au prix courant, car nous avons des payements à faire pour lesquels nous ne pouvons pas mettre de retard.

Mettez tous vos soins pour faire des rentrées, ainsi que pour les comptes, et envoyez les traites.

Ce que nous venons de dire doit suffire, car nous n'avons rien aperçu de vos actes, et si l'on ne recouvrait pas ce qui nous est dû, aussi bien que nos créances sur le tabac et autres, nos affaires se trouveraient en suspens.

Faites-nous savoir combien il reste encore dû par Hermas. Et voici enfin ce que j'avais à vous annoncer en attendant votre réponse.

Le 20 chaoual 1268.

Signé : MAHMOUD BEN AIAD.

Pièce justificative n° 5.

(Production du général Benaïad.)

Extrait d'une lettre du caïd Nessim adressée au général Benaïad, le 13 moharem 1269

Montrant les obstacles apportés par le gouvernement au frappage de la monnaie de cuivre et à la régularité de son poids.

Le kasnadar a permis au caïd Schloum de réunir ce qu'il a reçu de *Métallit* et d'*Ouatan*, et d'en écrire des teskerés sur les caïds, afin qu'ils restent comme preuve en notre faveur.

Sidi-Kasnadar a maintenant autant de soin que nous du service du cuivre que nous possédons et du cuivre que nous avons reçu du chevalier Benoît avant que le nouveau directeur fût arrivé.

Le kasnadar a ordonné de placer les nouvelles machines, et il écrit toujours à Sidi-Bahram à ce sujet, et il en parle aussi.

De leur côté, Sidi-Bahram et le contrôleur, comme vous les connaissez, occasionnent continuellement des obstacles au travail et bouleversent tout. Entre autres choses, je lui ai dit que je ne recevrais rien de la monnaie de cuivre que ce qui aura été compté et pesé.

Le poids doit être fixé d'après la règle que 43 bou-sétas font une livre. Mais il ne veut pas entendre parler du pesage.

J'ai porté mes plaintes à Sidi-Kasnadar, qui a écrit à Bahram de me livrer la monnaie frappée d'après le nombre et le poids. Mais quant aux 43 bou-sétas formant une livre, le kasnadar n'a voulu lui écrire quoi que ce soit à ce sujet, en disant qu'il n'en sait rien.

Je lui ai dit : « Mahmoud (Benaïad) a une lettre de Son Altesse le Bey concernant cette affaire, et vous en avez une copie. » Il a répondu : « Je n'ai pas à présent mon portefeuille ; j'y penserai, et je verrai mon frère. »

Extrait de la lettre de Nessim au général Benaïad, en date du 8 sfar 1269

Constatant que le général Benaïad ne cessait d'être en fortes avances envers le gouvernement de Tunis.

J'ai reçu votre lettre en date du 2 moharem 1269, dans laquelle vous m'avez dit que je ne dois pas acheter de marchandises avant de m'être procuré quelque moyen. Vous avez raison, je ne ferai rien sans votre permission. Vous m'avez commandé de faire le compte ; je m'en occupe à présent, et quand il sera fini, je vous l'enverrai. J'ai informé Sidi-Kasnadar que Sidi-Mahmoud Benaïad doit payer une forte somme d'argent dans plusieurs pays pour des marchandises, et qu'il ne pourra pas payer s'il ne reçoit l'argent qu'on lui doit pour les délégations et le fonds de roulement (des tabacs), et sans prendre des arrangements pour l'avenir. Je l'ai prié de me donner un mandat sur la douane des tabacs d'environ cinq millions, comme le teskeré de la ferme des cuirs. Il m'a répondu ne pouvoir donner cette année-ci aucun billet sur la douane des tabacs ; mais il m'a donné des délégations pour l'année prochaine et pour la somme de 1,700,000 piastres, comme l'année passée, en ajoutant qu'il ne faut dépenser que selon les délégations et ensuite de sa permission; et puis il a terminé en disant qu'il faut fournir l'habillement aux soldats, que c'est le plus important. Mais pour faire cela, il faut y être autorisé. Maintenant, je vous prie de me faire savoir comment je dois faire si le kasnadar vient demander les habits pour les soldats.

Extrait de la lettre de Nessim au général Benaïad, en date du 22 rabi-el-aoual 1269.

Quant à ce que vous dites que vous avez écrit à Sid-Hamda-Zulim d'administrer la Gorfa et de surveiller les gens sur toutes choses, et qu'il ne fasse rien sans l'assentiment des agents, nous vous répondons que vous avez très-bien fait, et c'est ce que nous attendions de votre grande prévoyance.

Quant à ce que vous dites que nous fassions les habillements et que nous ne livrions rien sans avoir reçu des mandats de notre seigneur (que Dieu le conserve!) et que nous ne livrions que le montant qui se trouvera indiqué dans les susdits mandats, nous vous répondons que nous avons commencé à couper et à coudre les habillements, comme nous vous l'avons déjà écrit par le dernier paquebot, et que nous ne livrerions que le montant des mandats qui nous seront donnés par notre seigneur (que sa gloire se perpétue!) conformément aux conventions que vous avez faites avec le vizir Sidi-Kasnadar.

Extrait de la lettre du caïd Nessim au général Benaïad, en date du 8 rabi-el-tani 1269

Constatant la succession des envois de cuivres faits par le général Benaïad pour être frappés en monnaie et versés à la Banque.

Vous m'avez dit que je recevrais deux factures de Londres de 800 quintaux de cuivre pour l'hôtel de la Monnaie, et que je devais les donner à M. Thomas et en prendre un reçu de sa main. Cette quantité sera chargée à Malte, par les soins de M. Ferrugia, pour Tunis, et je payerai la nolisation selon l'annonce qui m'en sera faite. Vous ajoutez que je devrai faire porter de l'hôtel de la Monnaie à la Banque l'argent monnayé que l'on retirera de cet envoi. Je vous réponds que les factures ne sont pas arrivées, mais que j'ai reçu deux avis écrits en anglais par le capitaine. Malheureusement je n'ai trouvé personne qui connût cette langue. Il paraît qu'ils auraient dû être envoyés à Malte; si Ferrugia en a besoin, je les lui expédierai; autrement je vous les enverrai. Le cuivre n'est pas encore arrivé à Tunis; peut-être qu'il est à Malte; et quand il sera ici, j'agirai selon vos instructions. M. Thomas n'a pas frappé de cuivre, et il ne nous a été rien donné; par conséquent, nous sommes toujours en dispute et querelle avec M. Bahram. Mais soyez tranquille, ce que je recevrai de l'hôtel de la Monnaie par M. Thomas, je le ferai porter à la Banque, selon vos instructions.

Extrait de la lettre de Nessim au général Benaïad, en date du 24 rabi-el-tani 1269

Constatant que le frappage de la monnaie d'argent avait été précédemment suspendu, par suite du taux du change, et que les fonds provenant des cuivres envoyés à Tunis pour être frappés devaient être versés à la Banque.

Le taux du change est de 14 1/4 de piastre, et il convient à présent de frapper de l'argent à l'hôtel de la Monnaie. Si vous voulez frapper de la monnaie d'argent, c'est le moment, parce que l'huile et la laine sont demandées, et le change est en baisse. Voilà que commence la saison de la laine. Si vous avez l'intention de frapper de la monnaie d'argent, envoyez des pièces de 5 francs par l'intermédiaire de qui vous voudrez, faites frapper de l'argent à l'hôtel de la Monnaie par l'intermédiaire de qui vous voudrez, et faites ce que bon vous plaira.

Quant à ce que vous me dites sur l'affaire de la Banque, pour que l'hôtel de la Monnaie frappe 400 quintaux de cuivre et que nous les versions à la Banque pour les mettre à la disposition du change, nous vous répondons que l'hôtel de la Monnaie ne marche plus et ne travaille plus, comme nous vous l'avons dit ci-dessus. Je n'ai pas compris s'il fallait changer les billets que l'on présentera au change en monnaie de cuivre, ou si nous devions changer les piastres en monnaie de cuivre, pour que nous changions les billets de banque en cuivre.

Extrait de la lettre de Nessim, agent du général Benaïad, en date du 8 djoumad-el-tani 1269

Confirmant les diverses assertions du général Benaïad sur les sommes enlevées à la Banque par le gouvernement de Tunis et les faux avis que lui faisait transmettre le kasnadar sur les fonds versés à la Banque.

Quant à ce que vous dites que les agents vous ont informé que l'illustre vizir Kasnadar a payé à la Banque, à valoir sur ce qu'il doit, une somme de 210,000 piastres, et que moi je ne vous en avais déclaré que 170,000, Monseigneur, les deux réponses sont bonnes ; car l'illustre vizir Sidi-Kasnadar m'a bien écrit des teskerés pour 210,000 piastres, mais je n'en ai reçu que 170,000, et je réclame encore les autres 40,000. Quant à votre dire que nous les payions au chevalier Mercier, vous savez comment je les ai prises, c'est-à-dire j'en ai donné un reçu. Je vous prie donc de vouloir bien écrire qu'on me rende mon reçu, afin que je puisse les payer au chevalier Mercier. Vous savez, en outre, que pour l'argent qu'on change à la Banque, je ne suis pas le seul responsable, car il y a des écrivains, et cet argent reste dans le coffre-fort à la Banque. Si vous le voulez, écrivez de nouveau à Sid-Abd-el-Kader Ben-Gacham. Sachez que Sid-Abd-el-Kader susdit est de retour depuis le dimanche 3 du courant. Sidi-Kasnadar a réitéré ses ordres pour l'argent restant à la Banque, qui doit être versé chaque semaine au trésor du Bey, conformément aux ordres de notre seigneur, que sa grandeur se perpétue.

Quant au dire de Votre Excellence que nous réclamions de Sidi-Kasnadar le restant dû par lui à la Banque, afin que ladite Banque ne fasse pas faillite, nous avons informé Sidi le vizir à ce sujet, qui a répondu en ces termes :

« Écrivez à Sidi Mahmoud que tout ce que je lui dois pour la Banque est à la Banque même ; et lorsque » la Banque fait faillite pour cause de l'argent que je dois, c'est moi qui en suis responsable ; et si la Banque » fait faillite pour une somme supérieure à celle que je dois, c'est Sidi Mahmoud qui en sera responsable. »

Qu'il soit à la connaissance de Votre Seigneurie que le chevalier caïd Chlomo a apporté à la Banque l'argent de la dime, montant à la somme de 400,000 piastres, et il en a pris environ 200,000 pour la solde des soldats, et le reste est encore à la Banque sous sa surveillance. Quant aux affaires de l'hôtel de la Monnaie, lorsque M. Thomas est parti, c'est le chevalier Benoit qui en est resté l'agent, et jusqu'à présent on ne travaille pas, parce que Sidi Bahram ne vient pas encore à son secours. Cette semaine j'ai reçu une lettre de Malte, dans laquelle il est dit qu'il est arrivé de Londres cent tonneaux de cuivre, et que lorsqu'il se trouvera un bâtiment disponible, on en fera l'envoi à Tunis.

Signé : NESSIM.

Paris. — Typographie de Henri Plon, imprimeur de l'Empereur, 8, rue Garancière.

www.ingramcontent.com/pod-product-compliance
Lightning Source LLC
LaVergne TN
LVHW021642170726
843501LV00007B/2373
9782329650241